tiefgang

Am Ende jedes Kapitels ist ein Lied von Albert Frey abgedruckt. Über den QR-Code oder die URL **www.gerth.de/frey-tiefgang** gelangt man auf die Internetseite von Gerth Medien, auf der ein Gutschein zum kostenlosen Download dieser Lieder zur Verfügung steht.

ALBERT FREY

tiefgang

GEBETE & IMPULSE FÜR JUGENDLICHE

GABRIEL

40 IMPULSE UND GEBETE FÜR EIN LEBEN MIT TIEFGANG

WER BIN ICH?

WIE KANN ICH WACHSEN UND LERNEN?

WIE KANN ICH TIEFER SEHN?

WIE KÖNNEN WIR ZUSAMMENLEBEN?

WER BIN ICH?

WER BIN ICH?

Und König David kam, ließ sich vor dem Herrn nieder und sprach: Wer bin ich, Herr?
2. Samuel 7, 18a

Schon in der Schulzeit stellst du eine alles entscheidende Weiche: „Will ich ein Leben mit Tiefgang führen, oder ein seichtes, belangloses? Will ich mein Leben selbst gestalten, oder will ich nur auf das reagieren, was andere mir vorsetzen? Will ich Dinge hinterfragen, oder gehe ich den bequemen Weg und vermeide Ärger und Aufwand? Will ich mich selbst infrage stellen oder will ich mich immer nur verteidigen, um mich selbst zu behaupten?"

Die erste große Frage der Philosophen, also der Menschen, die Weisheit suchen und lieben, ist ganz einfach „Wer bin ich?". Oberflächlich betrachtet kannst du sagen: Ich heiße XY, bin Kind meiner Eltern, in Deutschland (oder anderswo) aufgewachsen, besuche die Schule Z. Aber macht mich das schon aus? Wer bin ich wirklich, unter der Oberfläche?

Wenn du dieses Buch liest, wenn du diese Gebete mitbetest, dann kommst du der Antwort auf diese große Frage näher. Vertrau dir selbst, hör auf deine innere Stimme. Und glaub Gott mehr als den Menschen, die dir sagen wollen, wer du bist.

Gott, mein Schöpfer,

wer bin ich wirklich, wer bin ich für dich? Bitte führe mich auf dieser Reise zu mir und damit auch zu dir. Hilf mir, tiefer zu sehen, nicht zu schnell mit Antworten zufrieden zu sein.

Ich danke dir, dass ich denken und mich selbst hinterfragen kann. Ich wünsche mir, ein gutes und bewusstes Leben zu führen.

Bitte lass dein Wort, die Bibel, zu mir sprechen. Und bitte zeige mir, während ich dieses Buch hier lese, was wichtig für mich ist.

Amen

GOTT KENNT MICH

**Herr, du hast mich erforscht, und du kennst mich.
Ob ich sitze oder stehe, du weißt es, du verstehst meine Gedanken von fern. Denn du bist es, der meine Nieren geschaffen, der mich im Leib meiner Mutter gewoben hat. Ich preise dich, dass ich so herrlich, so wunderbar geschaffen bin.**
Psalm 139, 1b-2, 13-14a

Angenommen, jemand kennt mich durch und durch: Das ist entweder genial, die perfekte Beziehung – wenn er es gut mit mir meint. Oder es ist gruselig, ein Albtraum – wenn er nur nach Fehlern sucht. Kein Mensch kennt mich so genau. Manches behalte ich lieber für mich. Manches interessiert wohl auch niemanden. Ich kenne mich ja nicht einmal selbst so richtig.
Aber wenn das wirklich stimmt mit Gott – dass er alles weiß, dass er sich für alles interessiert –, dann bin ich nie allein, dann ist nichts sinnlos!

Und wenn er es wirklich gut mit mir meint, dann brauche ich keine Angst zu haben, dass er auch meine Schwächen sieht.

Lieber Gott,

du hast mich geschaffen, und du kennst mich besser als ich mich selbst. Ich mag nicht alles an mir, und oft kann ich mich selbst nicht verstehen.

Ich danke dir, dass ich so bin, wie ich bin. Bin ich wirklich „wunderbar"? Du musst es ja wissen, du hast den besseren Überblick.
Gott, wenn du sowieso alles weißt, dann brauche ich dir nichts vorzumachen, dann brauche ich vor dir auch keine Geheimnisse zu haben. Danke, dass du mich verstehst.

Und ich wünsche mir, dass dir meine „Absichten", „Wege" und „Worte" gefallen. Ich möchte nichts tun, wofür ich mich vor dir und vor mir selbst schämen muss. Bitte, hilf mir, so zu leben, dass ich voll dazu stehen kann, auch wenn andere Menschen nicht alles sehen. Aber du siehst alles, du kennst mich und du hast mich lieb.

Gott sei Dank

WUNSCHKIND

Aber bei euch ist sogar jedes Haar auf dem Kopf gezählt!
Matthäus 10, 30

Vielleicht hattest du Glück und warst ein Wunschkind deiner Eltern. Aber selbst dann werden sie sich in schweren Situationen schon mal gefragt haben, ob das Leben ohne Kinder nicht einfacher wäre. Keiner von uns ist so vorbehaltlos und uneingeschränkt willkommen, wie wir es eigentlich brauchen. Zumindest gilt das für unsere Eltern, Lehrer und Freunde, die uns manchmal auch verletzen.

Bei Gott ist es anders. Er ist an dir interessiert, an jedem einzelnen Haar! Das ist kein frommer Trost, sondern eine Zusage, auf die du dich verlassen kannst, und eine Liebeserklärung, an die keine andere rankommt. Menschen schwanken, Gott steht fest, Menschen kommen und gehen, Gott bleibt.

Vater im Himmel,

ich danke dir, dass ich in deinen Augen wunderbar bin, gewollt und geliebt. Ich danke dir, dass ich mir den Platz an deinem Herzen nicht verdienen muss, sondern dass ich bei dir immer willkommen bin. Hilf mir, das immer mehr zu glauben und darauf zu vertrauen, auch wenn Menschen mich ablehnen oder ignorieren.

Danke für die Momente, in denen mir neu bewusst wird, dass du dich für mich interessierst, dass du sogar meine Haare zählst, dass ich dein Wunschkind bin.

Danke, Vater

ALS MANN UND FRAU

Und Gott schuf den Menschen als sein Bild, als Bild Gottes schuf er ihn; als Mann und Frau schuf er sie.
1. Mose 1, 27

„Den" Menschen gibt es nicht, sondern die zwei Ausführungen, als Mann und als Frau. Nicht nur der Körper ist unterschiedlich, Männer und Frauen denken und fühlen auch anders. Trotzdem stecken in jedem von uns männliche und weibliche Anteile. Ein ganzer Mann wird man nur, wenn man seine weibliche Seite entdeckt – und umgekehrt.

Wichtig ist aber, dass uns jemand dabei hilft, das, was in uns angelegt ist, zu entfalten. Wenn du einen schwachen Vater hast, ist es nicht so einfach, starke männliche Energie zu entwickeln, wenn du eine unzuverlässige Mutter hast, macht dir vielleicht deine Weiblichkeit Angst. Aber zum Glück sind wir mehr als das Produkt unserer Eltern. Mit Gottes Hilfe und der Hilfe anderer Menschen dürfen wir unser eigenes Leben entwickeln, als Mann oder Frau.

Gott unser Schöpfer,

ich danke dir für das Geheimnis deiner Schöpfung, für deine Idee, den Menschen als Mann und Frau zu erschaffen, die einander ergänzen können. Ich danke dir, dass du mich als Junge bzw. als Mädchen geschaffen hast.

Du weißt, wie oft ich unsicher bin oder mich unbehaglich fühle, weil sich mein Körper verändert und verwirrende Gefühle auf mich einstürmen. Bitte hilf mir, Krisen durchzustehen und daran zu wachsen. Bitte schick mir andere Menschen, die mir gerade da helfen, wo meine Eltern mir kein Vorbild sein können. Bitte hilf mir, das andere Geschlecht zu achten und mich an der Andersartigkeit zu freuen statt sie abzulehnen.

Und ich danke dir, dass du weder Mann noch Frau, sondern alles in allem bist und jeden und jede verstehst.

Amen

MEIN KÖRPER

Er bewahre euch unversehrt an Geist, Seele und Körper.
1. Thessalonicher 5, 23b

Gott schuf den Menschen mit Körper, Seele und Geist. Alles gehört zu mir, alles „bin" ich. Die alten Griechen dagegen teilten den Menschen in Körper und Geist und hielten den Geist für das einzig Wahre. Das steckt noch heute in unserem Denken, wenn wir unseren Körper für nicht so wichtig halten.

Andere sehen nur den Körper: Sie wollen schön, schlank, sportlich sein – das ganze Leben dreht sich darum und bleibt deshalb hohl.

Gott möchte, dass wir unseren Körper annehmen, wertschätzen, pflegen und genießen. Aber der Körper ist nicht alles. Auch wenn wir körperlich krank oder in irgendeiner Weise behindert sind, sind wir wertvoll und haben viele Möglichkeiten, zu leben, zu lieben, zu geben und zu nehmen.

Jesus,

ich danke dir, dass du selbst Mensch geworden bist und Erfahrungen mit deinem Körper gemacht hast. Ich danke dir für das Wunderwerk des menschlichen Körpers.

Bitte hilf mir, meinen Körper anzunehmen, gerade auch das, was mir an ihm nicht gefällt. Hilf mir, nicht auf meinen Körper fixiert zu sein, aber ihm auch die Aufmerksamkeit zu widmen, die er verdient. Lass mich auf das sehen, was ich kann, und nicht auf das, was ich nicht kann. Und zeig mir, wie du mich siehst, als Ganzes.

Danke!

ICH WILL FREI SEIN!

Die Wahrheit wird euch frei machen.
Johannes 8, 32b

Freiheit ist ein hohes Gut. Sie ist in Gefahr, wenn Menschen intolerant behandelt oder ausgenutzt werden oder fundamentalistischen Lehren ausgesetzt sind. Gott hat uns als freie Menschen geschaffen und er möchte, dass wir seine Liebe erwidern, und das geht nur in Freiheit. Er will uns auch befreien von inneren Zwängen, von Schuld, Angst und allen Lügen, in die wir uns verstricken.

Aber Freiheit heißt auch, sich zu entscheiden, sich zu binden. Sich auf nichts einzulassen, ist keine Freiheit, sondern Beliebigkeit. Bei allen großen und kleinen Entscheidungen sind wir frei, Ja zu sagen oder Nein, etwas zu tun oder zu lassen. Wenn wir etwas tun, was uns Überwindung kostet, dann nicht aus Zwang, sondern aus Vertrauen und Einsicht. Spätestens wenn du erwachsen bist und deinen eigenen Weg gehst, dann schränkst du deine Freiheit bewusst ein, um zum Beispiel deinen Partner nicht zu verletzen. Und wenn du einmal in eine Sackgasse gerätst, dann hast du auch die Freiheit, umzukehren und dein Leben zu ändern.

Geist der Wahrheit,

danke für den frischen Wind der Freiheit, den du bringst. Ich danke dir, dass du mich mit freiem Willen geschaffen hast, und dass du dir ein freies Gegenüber wünschst. Bitte hilf mir, von allen falschen Zwängen frei zu werden. Bitte gib mir die Kraft, mich von solchen Meinungen und Einflüssen frei zu machen, die mir schaden. Auch wenn ich dadurch Anerkennung oder Vorteile verliere, will ich lieber den Weg der Freiheit wählen und meiner Überzeugung folgen.
Und bitte hilf mir zu unterscheiden, was wahre Freiheit ist, wofür es sich zu kämpfen lohnt, und was scheinbare Freiheit ist, mit der ich nur etwas Unangenehmes vermeiden will.

Amen

KEINER VERSTEHT MICH

Was bist du so gebeugt, meine Seele, und so unruhig in mir?
Psalm 42, 6a

Kennst du das, wenn du keine Lust hast, über deine Gefühle zu sprechen? „Mich versteht ja doch keiner, ich verstehe mich ja nicht mal selbst!“

Wir Menschen sind widersprüchlich, wir schwanken in unseren Gefühlen und Meinungen. Erst recht, wenn du noch so jung bist, dass du all die Gedanken und Gefühle, die auf dich einströmen, noch nicht einordnen kannst. Aber vielleicht ist es ja auch ein Vorteil, wenn man noch nicht für alles eine Schublade hat und damit unangenehmen Fragen aus dem Weg gehen kann: Warum habe ich gegen bestimmte Menschen Aggressionen? Warum bin ich manchmal so traurig? Warum spricht mich diese Musik, dieses Buch, dieses Bild an – und anderes überhaupt nicht?

Vielleicht gibt es einen „Seelenverwandten“ oder eine weise Person, die manche meiner Kämpfe schon gekämpft hat und mir deshalb helfen kann?

Aber manchmal kann mich auch keiner mehr verstehen außer Gott. Wenn ich mit ihm allein bin, wenn ich ihm alles sage, ihm meinen Frust hinwerfe – dann klärt sich immer wieder der Himmel. Dann ist Gebet kein totes Ritual, sondern lebensnotwendig.

Gott,

ich bringe dir den ganzen Kuddelmuddel meiner Gedanken und Gefühle. Ich blicke nicht durch. Ich erschrecke über mich selbst. Ich bitte dich, dass du den Sturm in mir stillst. Und ich bitte dich, dass du mir Menschen gibst, die mich tiefer verstehen können, die mir helfen, mich selbst zu verstehen.
Und bitte gib mir Geduld mit mir selbst, so wie du Geduld mit mir hast. Du hast auch genug Liebe für einen Chaoten wie mich. Du gibst mich nie auf.

Danke!

WAS KANN ICH?

Der Leib besteht aus vielen Körperteilen, aber nicht alle Teile haben dieselbe Aufgabe. Genauso bilden wir vielen Menschen, die zu Christus gehören, miteinander einen Leib. Wir haben verschiedene Gaben.
Römer 12, 4b-6a

Jeder von uns hat eine einzigartige Kombination von Fähigkeiten. Im Bild von den vielen Gliedern des Leibes beschreibt und feiert die Bibel die Unterschiedlichkeit der Menschen und wie sie sich ergänzen.

Was ist mein Beitrag zum Ganzen, wo ist der Platz, den nur ich ausfüllen kann? Das ist eine spannende Frage bei der Berufswahl und bei meinem Engagement in der Freizeit. Aber die Frage nach meinen Talenten hat Tücken. Manche haben sehr auffällige Begabungen, andere können vieles „mittelgut" und wieder andere haben Gaben, die schwer zu entdecken sind oder nicht geschätzt werden, obwohl sie für die Gemeinschaft wichtig sind. Nicht alle Talente führen zu messbaren Ergebnissen wie guten Schulnoten, sportlichen Rekorden oder Musikpreisen. Vielleicht bist du einfühlsam im Umgang mit Menschen oder kannst Aufgaben gewissenhaft und zuverlässig erledigen. Wie auch immer, meine Begabung macht nicht meinen Wert als Mensch aus.

Unsere Gesellschaft hebt die auffällig Begabten hervor, Gott aber sieht und schätzt jeden.
Deshalb können wir ganz entspannt unsere Fähigkeiten entdecken, entwickeln und einbringen, ohne dass davon unsere Daseinsberechtigung abhängt.

Gott, mein Schöpfer,

ich danke dir für alles, was ich kann. Danke, dass ich denken und fühlen, mit meinem Kopf und meinen Händen Dinge gestalten kann. Danke, dass ich mich mit anderen Menschen austauschen kann. Ich will das wertschätzen, was du mir gegeben hast und nicht neidisch auf andere schielen.
Und ich danke dir für das, was ich noch lernen kann, für meine Träume und Ziele. Ich sehe auch meine Grenzen, das, was ich nicht erreichen kann.
Gib mir Geduld, wenn meine Begabungen oder der beste Platz für mich noch unklar sind. Danke, dass ich in deinen Augen immer wertvoll bin.

Amen

WAS IST DER SINN MEINES LEBENS?

Das Reich Gottes ist schon da – mitten unter euch.
Lukas 17, 21b

Mit 18 habe ich wie viele andere ganz stark die Frage nach dem Sinn meines Lebens gestellt. Dabei habe ich mich auch mit Jesus auseinandergesetzt und bei ihm Antworten gefunden, die für mich bis heute gelten, die mich immer noch begeistern. Die erste Antwort ist die Verbindung zu meinem Schöpfer. Durch Jesus können wir Gott kennen, ihn lieben, mit ihm leben. Diese Verbindung zu meinem Ursprung und meiner Bestimmung steckt voller Sinn und Glück. Mein Leben reicht nicht, um das auszuschöpfen.

Aber auch ein Zweites hat mich damals wie heute fasziniert: die Vision vom Reich Gottes, von einer Welt der Liebe, der Geschwisterlichkeit und Gerechtigkeit. Jesus sagt, dass das Reich Gottes in uns beginnt und sich dann überall auswirkt. Das Reich Gottes muss verkündigt und gelebt werden. Jeder kann seinen Beitrag leisten. Überall, wo wir nicht nur unseren eigenen Vorteil suchen, sondern etwas für andere, für Gott tun, wächst dieses Reich. Gott tut das Entscheidende, ich bin nur ein Botschafter oder der Kanal, aber Gott freut sich unbändig über jeden, der mitmacht.

Jesus,

die Frage nach dem Sinn meines Lebens beschäftigt mich. Ich bin froh, dass ich nicht einfach stumpf vor mich hin leben muss, sondern die Frage nach dem tieferen Sinn stellen kann. Danke, Jesus, für deine Botschaft, die schon so vielen Menschen Sinn und Ziel in ihrem Leben gegeben hat. Ich bitte dich, dass du mir persönlich diesen Sinn für mein Leben zeigst, nicht von anderen übernommen, sondern aus eigener Überzeugung. Bitte schenke mir Worte und Bilder, die mein Herz ansprechen und mich auf meinem Weg leiten.

Amen

URKLANG

Hör den Urklang, hör den Ruf
Wort im Anfang, das uns schuf
Fühl den Herzschlag in der Brust
Schöpfergeist weck Lebenslust
Liebesglut und Kampfesmut

1. Aus der Tiefe, fast verschüttet
Dringt der Klang der Ewigkeit
Von den Vätern, von den Müttern
Überbracht seit langer Zeit

Frohe Botschaft, fast verloren
Hart umkämpft, doch nie besiegt
Gottes Wort im Fleisch geboren
Dort erklingt sein Liebeslied
Mitten im Kampf sein Liebeslied

2. Aus den Wäldern, von den Bergen
Klingt der Schöpfung Lobgesang
Wild und rau trifft Meer auf Felsen
Immer neu der innre Drang

Weit dort draußen, hinter Grenzen
Wird der Raum des Herzens weit
Wo die Mauern nicht mehr dämpfen
Dort erklingt sein Liebeslied
Mitten im Kampf sein Liebeslied

3. Lass die Quellen wieder fließen
Die verschmutzt sind und verstopft
Lass das Leben wieder sprießen
Das verhärtet und verkopft

Lass den Leib zum Haupt hin wachsen
Heile, stärke jedes Glied
Wo wir Christus in uns tragen
Dort erklingt sein Liebeslied
Mitten im Kampf sein Liebeslied

Text und Musik: Albert Frey

WIE KANN ICH WACHSEN UND LERNEN?

SCHULE DES LEBENS

Prüft aber alles und behaltet nur das Gute!
1. Thessalonicher 5, 21

Vielleicht wartest du schon sehnsüchtig auf den Tag, an dem du endlich mit der Schule fertig bist? Trotzdem ist die Möglichkeit zu lernen ein Vorrecht, für das viele Menschen hart gekämpft haben und bis heute kämpfen. Es gibt immer noch Länder, in denen Kinder aus armen Familien, Mädchen oder Minderheiten keine Chance haben, eine Schule zu besuchen und dadurch ihre Talente zu entfalten und später ein selbstbestimmtes Leben zu führen.
Ich weiß nicht, ob du eine gute Schule hast, inspirierende Lehrerinnen und Lehrer, die dir eine neue faszinierende Welt eröffnet haben. Aber selbst wenn du nur mittelmäßige oder demotivierende Lernbedingungen hast, hol raus, was geht! Es ist gar nicht entscheidend, ob du das später brauchst. Die Naturwissenschaften zeigen, wie die Welt im Innersten aufgebaut ist. Das ist spannender als jeder Blockbuster. Die Geisteswissenschaften lehren uns, tiefer zu denken. Und das alles hat auch mit Gott zu tun, nicht nur das Fach Religion. Wenn du in irgendwelchen Lernproblemen steckst, gib nicht auf. Denk weiter, lern, was du kannst! Nicht nur für Prüfungen und Abschlüsse, sondern für dein Leben. Denn dieses Lernen hört nie auf.

Jesus, unser Rabbi, unser Lehrer,

danke, dass ich denken, verstehen und lernen kann. Ich danke dir, dass ich mein Leben lang dazulernen und so meinen Horizont erweitern kann. Danke für alle Menschen, die Lehrer für mich sind. Bitte hilf mir, alles zu prüfen und das Gute zu behalten. Bitte gib mir neuen Mut, neue Hoffnung, wo ich vom Lernen frustriert bin oder Rückschläge erlebt habe. Und ich danke dir, dass deine Weisheit eine andere ist als die menschliche Weisheit, und dass du andere Maßstäbe hast als unsere Schulsysteme.

Amen

IST SCHULD VON GESTERN?

Wasche mich rein von meiner Schuld, und reinige mich von meiner Sünde.
Psalm 51, 4

Wir haben in unserer Gesellschaft einen verlogenen Umgang mit Schuld. Wir tun so, als sei Schuld etwas Altmodisches und Überholtes und schieben alles auf die Umstände. Viele glauben: Jeder tut eben, was er tun muss, weil er so ist, wie er ist.

Aber bei einem Verkehrsunfall oder wenn Beziehungen kaputtgehen, immer wenn es wirklich wehtut, fragen wir sofort: Wer hat Schuld? Am besten der andere ...
Es gehört zur Würde des Menschen, so wie er in der Bibel beschrieben wird, dass er schuldfähig ist. Nicht nur die anderen oder die Umstände, nein: Ich bin verantwortlich, ich habe mich schuldig gemacht. Das zuzugeben ist menschliche Größe. Und weil ich mich nicht selbst von der Schuld befreien kann, bin ich darauf angewiesen, dass andere mir vergeben.

Es ist eine unvergleichliche Erfahrung, wenn andere Menschen mir vergeben, wenn sie mir meine Schuld nicht nachtragen. Bei „großer" Schuld, die Menschen nicht mehr vergeben können oder wollen, wird klar, dass wir noch eine andere Instanz brauchen, Gott. Und nur weil Gott mir vergibt, kann ich auch mir selbst vergeben und immer wieder neu anfangen.

Gnädiger Gott,

ich erkenne, dass ich andere verletzt habe und nicht so gelebt habe, wie ich es eigentlich als richtig erkannt habe. Ich will mich nicht herausreden. Ich will mich auch nicht mit anderen vergleichen und dabei selbst gut dastehen. Ich gebe zu, dass ich mich schuldig gemacht habe.

Ich danke dir, dass ich radikal ehrlich sein darf bei dir, dass du mir vergibst und dass du mir durch Jesus, durch seinen Tod und seine Auferstehung, einen neuen Anfang schenkst.

Amen

DIE VERLETZLICHE SEELE

Der HERR ist nahe denen, die zerbrochenen Herzens, hilft denen, die zerschlagenen Geistes sind.
Psalm 34, 19

Unsere Seele hat eine dünne Haut, sie ist sehr verletzlich. Vielleicht hast du gelernt, Kränkungen zu überspielen oder zu verdrängen. Aber von selbst oder durch die Zeit heilen seelische Verletzungen nicht. Sie bilden ein Narbengewebe, das unser Leben immer schwerer macht. Und wenn dieselbe Kränkung noch einmal kommt, bricht die alte Narbe auf, und die Wunde wird schlimmer als je zuvor. Verletzte Menschen erkennt man nicht nur daran, dass sie verletzlich und empfindlich sind, sondern auch, wenn sie sich stolz oder zynisch zeigen.

In der Bibel sind die Erfahrungen vieler Menschen mit Gott aufgeschrieben. Einige von ihnen haben Schlimmes erlebt und durch Gott einen Weg gefunden, damit fertigzuwerden, heil zu werden. Davon können wir lernen und dem verletzenden Verhalten anderer Menschen Gottes bedingungslose Liebe entgegensetzen. Wir verharmlosen nicht, was andere uns angetan haben, aber wir sagen: Gottes gute Gedanken über mich sind noch wichtiger, noch stärker! Sein Wort hat mehr Gewicht, ich glaube ihm mehr als den verletzenden Worten und Taten anderer Menschen, die wahrscheinlich

selbst tief verletzt wurden und in ihrer Hilflosigkeit diese Verletzungen weitergeben.
Dann schaffen wir es auch, anderen zu vergeben. Es ist nicht leicht, aber Gott tut den ersten Schritt, er vergibt mir. Das macht es mir leichter, auch so großzügig zu sein wie er und zu vergeben.

Gnädiger Gott,

ich gebe zu, dass ich verletzt wurde. Ich denke an böse, harte Worte, die mich tief getroffen haben. Ich denke an Situationen, in denen ich mich missachtet oder gar missbraucht gefühlt habe. Ich bitte dich, dass du mich heil machst. Bitte gib mir Menschen, die mir dabei helfen.
Und bitte zeige mir, wem ich noch nicht vergeben habe. Lass meine Seele bereit werden, zu vergeben.
Ich wünsche mir, ein freier, offener, weitherziger Mensch zu werden. Ich möchte so gerne den Teufelskreis der Verletzungen durchbrechen und meine Verletzungen nicht an andere weitergeben.
Bitte segne mich dazu!

Amen

ANGST KENNT JEDER!

In dieser Welt müsst ihr Leid und Schmerz aushalten. Aber verliert nicht den Mut: Ich habe diese Welt besiegt!
Johannes 16, 33b

Jesus ist realistisch und stellt fest, dass wir alle Angst haben, dass wir Leid und Schmerz aushalten müssen. Der eine mehr, der andere weniger, aber jeder von uns hat Ängste: vor großen Höhen oder Spinnen, vor Unfällen oder Krankheit, vor Prüfungen oder vor Ablehnung. Wir haben Angst, zu versagen, oder Angst, zu kurz zu kommen.

Fast immer, wenn Gott in der Bibel zu Menschen spricht, sagt er als Erstes: Fürchte dich nicht! Gott setzt unserer Angst seine Sicherheit entgegen. Nichts ist so sicher wie die Liebe Gottes. Er will uns im Alltag genauso wie in den schwersten Situationen tragen. Deshalb haben Christen weniger Grund zur Angst, sogar der Tod verliert viel von seinem Schrecken. Rede mit Gott über deine Angst. Lass dir von ihm Mut machen. Mit Jesus und durch Jesus kannst du Angst überwinden.

Gott, meine sichere Burg!

Ich bringe dir das, was mir zurzeit Angst macht. Du kennst mich und hältst mein Leben in deiner Hand. Bitte beschütze und bewahre mich und meine Familie und meine Freunde. Ich will dir immer mehr vertrauen und meine Sicherheit in dir finden. Ich wünsche mir, ein mutiger Mensch zu werden, nicht weil ich so stark bin, sondern weil du mit mir bist und ich nicht tiefer als in deine Hände fallen kann.

Amen

DAS LEBEN GENIESSEN

Und wenn irgendein Mensch bei all seiner Mühe isst und trinkt und Gutes genießt, ist auch dies ein Geschenk Gottes.
Prediger 3,13

Als ich mich mit 18 voller Begeisterung entschieden habe, Musik für Jesus zu machen, kam mir so etwas wie ein Sportverein oder ein Spieleabend wie Zeitverschwendung vor. Heute denke ich anders. Unsere Seele braucht Zeiten, die keinen Zweck haben, aber sinnvoll sind: Zeiten, in denen ich mit anderen lachen, mich mit anderen messen, mich als Teil der Gemeinschaft erleben oder mich einfach nur entspannen kann. Und unser Körper braucht Bewegung, Anstrengung, den Anreiz, alles zu geben. Was ist das für ein tolles Gefühl, nach einem Fußballspiel oder einer Bergtour total ausgepowert an den Tisch zu kommen und ein Essen zu genießen oder sich ins Bett zu legen und zu schlafen wie ein Stein. Gott will, dass wir die Möglichkeiten von Körper, Seele und Geist ausschöpfen. Wenn wir ehrlich sind, spüren wir selbst, ob uns Sport und Spiel guttut. Ob es uns fröhlich und entspannt macht, oder verkrampft. Auch die besten Dinge können uns schaden, wenn sie aus der Balance geraten. Das erkennt man an krankhaftem Ehrgeiz oder Spielsucht oder wenn der Kontakt mit anderen nur noch im Netz stattfindet. Deswegen: Geh raus, beweg deinen echten Körper und triff echte Freunde im echten Leben!

Gott,

ich danke dir für meinen Körper, meine Muskeln, mein Herz, meine Lunge. Danke für die Zeiten an der frischen Luft und mit meinen Freunden. Ich wünsche mir, ein guter Gewinner und ein guter Verlierer zu werden. Bitte hilf mir, nicht immer nur auf mich selbst zu schauen.
Ich wünsche mir, dass ich echte Gemeinschaft und Freundschaft mit anderen erlebe, mich auch mal selbst vergesse und als Teil des Ganzen empfinde.
Danke, dass du immer dabei bist, nicht nur in der Kirche, sondern auch auf dem Fußballplatz oder beim Tanzen.

Amen

MOBBING GAB'S SCHON IMMER!

Da nahmen sie Palmenzweige und liefen ihm entgegen. Sie riefen: „Hosanna"
Johannes 12, 13a

Pilatus fragte sie weiter: „Was soll ich mit Jesus machen, der Christus genannt wird?" Da schrien alle: „Ans Kreuz mit ihm!"
Matthäus 27, 22

Menschen können grausam sein und Mobbing gab es schon immer, auch wenn man früher noch kein Wort dafür hatte. Man sucht sich einen aus, der irgendwie anders ist, und hackt auf ihm herum, um sich selbst besser zu fühlen. Vielleicht warst du schon daran beteiligt, jemanden „fertigzumachen"? Oder du bist selbst schon Opfer von Mobbing geworden?
In meiner Schulklasse gab es ein mutiges Mädchen. Sie hat sich für die Außenseiter eingesetzt und nicht mitgemacht, wenn über jemanden gelästert wurde. Ich habe sie bewundert und gespürt, dass es richtig ist, sich wie sie zu verhalten. Sie kam mir vor wie ein kämpferischer Engel. Ob es wohl daran lag, dass sie Christin war?
Gott schärft unser Gewissen. Wenn du es mit Jesus ernst meinst, wird es dir unmöglich, bei Mobbing mitzumachen. Und wenn du selbst ausgegrenzt wirst, dann wünsche ich dir,

dass Gott dir die innere Stärke gibt, nicht in der Opferrolle aufzugehen, sondern klare Entscheidungen zu treffen. Vielleicht ist es gut, sich zu wehren, vielleicht ist es gut, die Ungerechtigkeit der anderen zu ertragen. Auf jeden Fall bist du in guter Gesellschaft. Jesus war das schlimmste Mobbing-Opfer aller Zeiten. Am Palmsonntag riefen ihm die Leute „Hosanna" zu, fünf Tage später, am Karfreitag, schrien sie: „Ans Kreuz mit ihm".

Jesus,

du weißt, was Leiden bedeutet, du weißt, was es heißt, wenn alle gegen einen sind, wenn keiner hilft. Ich bereue es, dass ich bei Mobbing mitgemacht habe. Bitte gib mir ein feines Gewissen, das mich warnt, wenn ich in der Gefahr stehe, jemanden auszugrenzen. Bitte gib mir den Mut, für Menschen einzutreten, die anders sind als die Mehrheit.
Und da, wo ich selbst Opfer von Mobbing bin, bitte ich dich um deinen Trost und deine Kraft. Danke, dass du für mich bist, auch wenn alle gegen mich sind. Ich bitte dich, dass du mir zeigst, wie ich mich in dieser schweren Situation richtig verhalten kann. Und schicke mir bitte einen Engel, der mir beisteht – wie auch immer der aussieht.

Amen

UNPERFEKT ZUFRIEDEN

Fürwahr, ich habe meine Seele besänftigt und beruhigt; wie ein entwöhntes Kind bei seiner Mutter, wie das entwöhnte Kind ist meine Seele ruhig in mir.
Psalm 131, 2

Wir alle sehnen uns nach Perfektion. Ein perfekter Tag, eine perfekte Welle, ein perfekter Urlaub, eine perfekte Familie, eine perfekte Liebe. Aber Perfektionismus macht uns selbst und andere fertig. Wir stellen einen Maßstab auf, den wir nicht erreichen können. Auch im Glauben sollen wir nicht perfekt werden. Gott weiß, dass wir das nie erreichen können. Das biblische Wort „vollkommen" meint etwas anderes: mit ganzem Herzen, als ganzer Mensch, ohne Hintergedanken. Fehler und Rückschläge passieren. Wer weiß, vielleicht gehören sie zu Gottes Lebensschule für uns, denn aus Fehlern und Niederlagen können wir oft mehr lernen als aus Siegen.
Gott will nicht, dass wir ständig mit uns selbst unzufrieden sind, sondern dass wir „im Frieden" mit uns selbst leben. Wir geben einfach unser Bestes und überlassen den Rest Gott. Mehr können und müssen wir nicht tun. Denn unsere Sehnsucht nach Perfektion erfüllt nur Gott selbst.

Gott,

du kennst mich und meinen tiefen Wunsch, dass einfach mal alles perfekt sein sollte. Ich danke dir für die Momente, in denen ich das erleben darf, in Beziehungen, in der Natur oder in der Musik. Vor allem danke ich dir, dass du perfekt bist, vollkommen und voller Liebe und dass du mich akzeptierst, genau wie ich bin.
Bitte gib mir deinen Frieden und eine neue Zufriedenheit mitten in den Baustellen meines Lebens.
Und ab und zu einen Moment, in dem einfach alles stimmt.

Amen

LEBENDIGE GESCHICHTE

Denke an die Tage der Vorzeit, begreift die Jahre der vergangenen Generationen. Frage deinen Vater, dass er es dir kundtut, deine Betagten, dass sie es dir sagen.
5. Mose 32, 7

Blutrünstige Römer und Griechen, die mit Schwertern und Sandalen durchs Bild stapfen. Bilder vom finsteren Mittelalter, in dem korrupte Mönche ihr Unwesen treiben. So kennen wir es alle aus dem Fernsehen. Das Problem ist, dass die Unterhaltungsindustrie an Einschaltquoten interessiert ist und nicht an einer Darstellung, die den Menschen von damals gerecht wird. Wenn wir die Geschichte der Menschheit verstehen wollen, müssen wir andere Quellen nutzen und tiefer in das Thema einsteigen. Vor allem müssen wir uns vom Fortschrittsglauben verabschieden, denn es wird nicht automatisch immer alles besser.

Die Menschen früherer Zeiten hatten sicherlich weniger Möglichkeiten. Vielleicht haben sie dafür intensiver gelebt, tiefer empfunden?

Auf jeden Fall können wir eine Menge aus der Geschichte lernen und dabei auch Verschüttetes wiederentdecken. Das gilt ganz besonders für den jüdisch-christlichen Glauben. Auch er ist Stück für Stück aus der Geschichte Gottes mit seinem Volk entstanden.

Und wir können lernen, schlimme Fehler nicht zu wiederholen. Das gilt natürlich ganz besonders für die Nazi-Zeit und den Holocaust.

Die Geschichte lehrt dich, frei und kritisch zu denken. Statt vorschnell über andere Zeiten zu urteilen, entdeckst du plötzlich das Gute, das entstanden ist, und Gottes Spuren in der Geschichte!

Gott der Geschichte,

danke, dass ich auf vielen Schultern stehen darf. Dass Menschen vor mir das Rad erfunden haben oder das elektrische Licht. Dass sie für die Demokratie oder gegen tödliche Krankheiten gekämpft haben.
Danke für die Vorfahren meiner Familie, für alles Gute, das sie mir hinterlassen haben. Vor allem danke ich dir, dass du dich in der Geschichte gezeigt hast, bei Abraham, Mose und schließlich durch Jesus. Danke, dass die Geschichten der Bibel mir heute noch so viel zu sagen haben, dass ich mich in den Menschen dort wiederfinden kann, auch wenn sie bereits vor 2000 oder 3000 Jahren gelebt haben.

Amen

ALS ERFINDER GEBOREN

Da bildete der HERR, Gott, aus dem Erdboden alle Tiere des Feldes und alle Vögel des Himmels und brachte sie zum Menschen, um zu sehen, wie er sie nennen würde, und ganz wie der Mensch als lebendiges Wesen sie nennen würde, so sollten sie heißen.
1. Mose 2, 19

Gott gibt Adam und Eva die Aufgabe, den Tieren und Pflanzen Namen zu geben. Ein tolles Bild! Darin zeigt sich, dass Gott uns nicht als Verwalter sondern als Gestalter eingesetzt hat. Er ist der Creator, der Schöpfer, aber er hat uns auch Kreativität gegeben, die wir ausleben dürfen.
Wie willst du deine Welt gestalten? Dein Zimmer, deine Kleidung, dein Leben? Welche eigenen Ideen und Wörter findest du in Gesprächen, in deinem Tagebuch, in deinen Gebeten?
Hast du schon mal ein Gedicht geschrieben, ein besonderes Bild gemalt, ein Musikinstrument gelernt, mit Tanz deine Stimmungen ausgedrückt? Warum nicht?!
Lass dir nicht von anderen einreden, dass du das nicht kannst. Und schließlich kommt es auf das Gestalten selbst an und weniger auf das Ergebnis. Dabei erfährst du eine Menge über dich selbst, und deine „Schöpfung" kann auch für andere Menschen eine Bereicherung sein.

Gott aller Kreativität,

ich danke dir, dass die Welt so bunt und vielfältig ist, so schön und immer wieder überraschend. Danke, dass ich deine Schöpferkraft und die Kreativität von anderen genießen kann.

Hilf mir zu spüren, was mir gefällt, was mich anspricht, worin ich mich wiederfinden kann. Und ich will auch selbst kreativ werden. Bitte lass mich überwinden, was mich daran hindert: die Angst, nicht gut genug zu sein, mich zu blamieren.
Ich danke dir, dass du dich auch über meine kleinen kreativen Versuche freust.

Amen

WAS IST WAHR

Was ist wahr – was ist Ziel unsrer Reise?
Was ist wahr – was wahrhaftig und treu?
Was ist wahr – was ist ehrlich und weise?
Was ist wahr – was macht frei?

1. Minus und plus
Wir zählen und rechnen Gewinn und Verlust
Wir glauben an Fakten und ziehen den Schluss
Dass alles erklärbar sein muss

Nützlich und schlecht
Wir sehn nur den Vorteil, das eigene Recht
Wir biegen es nach unsren Wünschen zurecht
Und werden doch keinem gerecht

2. Falsch und korrekt
Die Welt wird in schwarz-weiße Raster gesteckt
Statt erst zu verstehn, kommt das Urteil direkt
Der tiefere Sinn bleibt verdeckt

Böse und gut
Wir richten gern das, was ein anderer tut
Um Böses in uns zu sehn, fehlt uns der Mut
Und weiter fließt so böses Blut

3. Fremd und vertraut
Wir haben aus Angst unsre Mauern gebaut
Wir sind nun gefangen im eigenen Haus
Und finden den Weg nicht heraus

Mächtig und klein
Wir suchen das Große und lieben den Schein
Verachten das Schwache und bleiben allein
Um keinen Preis abhängig sein

Was ist Glaube, was ist Täuschung
Was Verblendung, was Vision?
Was ist Sehnsucht, was ist Hoffnung
Was ist Traum, was Illusion?

Was ist Wissen, was vermessen
Was ist Hochmut, was ist Recht
Was sind eigene Interessen
Was ist objektiv gerecht

Was ist Gegenwart, was Zukunft
Was ist schon, und was noch nicht
Was ist unwichtig, was wichtig
Was hat ewiges Gewicht

Text und Musik: Albert Frey

WIE KANN ICH TIEFER SEHN?

GOTT IST LIEBE

Gott ist Liebe. Und wer in der Liebe lebt, lebt in Gottes Gegenwart und Gott ist in ihm gegenwärtig.
1. Johannes 4, 16b

Liebe ist ein großes Wort. Daran ändert sich auch nichts, wenn Menschen es falsch oder oberflächlich verwenden und in Wirklichkeit nur ihre eigenen Bedürfnisse meinen. Wir alle spüren: Liebe ist lebensnotwendig. Das ist unsere größte Sehnsucht und Erfüllung: lieben und geliebt werden.

Auch in der Bibel ist Liebe zentral. Gott wird da nicht nur als „lieb" oder „liebevoll" beschrieben, sondern als „die Liebe". Sein Wesen ist Liebe.

Das erste Kennzeichen dieser Liebe ist, dass sie sich dem anderen zuwendet, die Verbindung sucht. Gott interessiert sich für dich! Das Zweite ist sein Verständnis, seine Annahme – deshalb nennen wir die Liebe Gottes bedingungslos – das, was wir Menschen nie hundertprozentig schaffen und doch so gerne hätten: dass mich einer liebt, auch wenn er oder sie davon nichts hat, eben ohne Bedingung. Und die Liebe will das Beste für den anderen. Das kann auch mal heißen, dass dieses „Beste" mir gerade nicht gefällt, so wie ein Ratschlag, den man gar nicht hören mag. Vor allem aber will die Liebe eine Antwort. Gott sehnt sich nach freien Menschen, die sich von ihm lieben lassen und ihn „zurück“ lieben. Kannst du dir das vorstellen?

Lieber Gott,

ich weiß nicht, ob ich wirklich lieben kann. Du kennst meine Sehnsucht nach Liebe. Ich wünsche mir, dass ich an deine Liebe glauben und sie auch immer wieder spüren kann. Bitte hilf mir, mein Inneres zu öffnen, damit ich mich immer mehr lieben lassen kann.

Und ich wünsche mir, dich und andere Menschen zu lieben, echt – und ein wenig so, wie du mich liebst. Auch an diesem Tag.

Amen

DER GROSSE ZWEIFLER

Dann sagte er zu Thomas: „Nimm deinen Finger und untersuche meine Hände. Strecke deine Hand aus und lege sie in die Wunde an meiner Seite. Du sollst nicht länger ungläubig sein, sondern zum Glauben kommen!"
Thomas antwortete ihm: „Mein Herr und mein Gott!"
Johannes 20, 27 + 28

Thomas ist der Zweifler unter den Aposteln. Aber seine Zweifel verhelfen ihm zu einer besonderen Erfahrung: Er kann den auferstandenen Jesus selbst erleben und dann mit neuer, eigener Überzeugung sagen: mein Herr und mein Gott! Vielleicht hast du den Glauben von deinen Eltern oder von Leuten in der Kirche übernommen, vielleicht bist du dir nicht so sicher, ob das alles stimmt und was es mit dir zu tun hat. Zweifel kann dir helfen, eine eigene Überzeugung zu finden. Deswegen ist es gut, wenn du kritisch fragst und ehrlich zu dir bist. Aber bleib auch offen und folge deiner Sehnsucht. Gott hat ein Wissen um die ewigen Dinge in uns hineingelegt. Wenn du das findest und eine Übereinstimmung mit den biblischen Aussagen entdeckst, dann beginnt ein eigener Glaube, der weit mehr aushält als ein übernommener, gelernter Kinderglauben.

Gott,

wenn es dich wirklich gibt, dann will ich es selbst erfahren. Bitte zeig mir das, was ich sehen muss, um wirklich glauben zu können.
Du siehst, wie verwirrt ich manchmal bin, die vielen Zweifel, die vielen sich widersprechenden Stimmen. Bitte hilf mir, deine Stimme in mir zu hören. Ich wünsche mir wie Thomas einen eigenen, neuen Glauben.

Amen

EINE ENTSCHEIDUNG TREFFEN

Das Leben und den Tod habe ich dir vorgelegt, den Segen und den Fluch; erwähle nun das Leben, damit du lebst, du und deine Nachkommen.
5. Mose 30, 19b

Es gibt Situationen im Leben, da musst du dich entscheiden, zum Beispiel bei der Berufswahl, bei der Partnerwahl und vor allem bei der Frage nach Gott. Nichts tun, abwarten, alles gleichzeitig wollen geht dann nicht mehr. Keine klare Wahl zu treffen ist dann auch eine Entscheidung, nämlich für den Stillstand.
Es hilft auch nicht zu warten, bis ich mir ganz sicher bin, oder andere Menschen mir sagen, was ich tun soll. Ich muss ein Wagnis eingehen, einen Schritt ins Ungewisse machen.
Du wirst selbst spüren, wenn es Zeit für dich ist. Es gibt eine Zeit zum Abwägen, zum Ausprobieren. Aber dann kommt die Zeit der Entscheidung. Gott möchte immer, dass du dich für das echte Leben entscheidest. Das kann dir bei schweren Entscheidungen helfen. Führt mich dieser Weg zu mehr echtem Leben, auch wenn er schwerer ist? Führt er in die Freiheit, zu meiner wahren Bestimmung? Tut mir dieser Mensch gut oder verstärkt er Negatives in mir?
Auch bei Gott wirst du dir nie hundertprozentig sicher sein, wenn du diesen Schritt ins Ungewisse nicht wagst.

Gott,

ich sehe viele Menschen um mich herum, die sich nicht festlegen möchten, die sich alles offenhalten wollen. Es ist schwer, anders zu handeln. Du weißt, was bei mir ansteht und was mich beschäftigt. Bitte gib mir den Mut zu klaren Entscheidungen.
Und hilf mir dabei, mich für das echte Leben zu entscheiden.

Amen

GOTT DANKEN

Und der Friede, den Christus schenkt, lenke eure Herzen. Dazu seid ihr berufen als Glieder des einen Leibes. Und dafür sollt ihr dankbar sein!

Kolosser 3, 15

In unserer Zeit und in unserer Gesellschaft gibt es nicht mehr viele dankbare Menschen. Dabei ist alles da: Wärme, Trinken, Essen, Kleidung, Ausbildung, Freunde, Unterhaltung, Reisen ... Und trotzdem sind wir nicht zufrieden. Wir motzen, nörgeln, jammern, beschweren uns. Das ist doch verrückt! Vielleicht denken wir, wir hätten Anspruch auf all das. Aber viele Menschen zu anderen Zeiten oder an anderen Orten hatten oder haben nicht einmal das Nötigste.

Hast du auch manchmal das Gefühl, dass unsere Gesellschaft mit all dem Luxus krank ist? Vielleicht lebst du ja auch schon ganz anders und teilst mit anderen? Oder du bist schon mal jemandem begegnet, der total dankbar ist? Vielleicht jemandem, der wenig hat und etwas geschenkt bekam. Oder jemandem, der weiß, dass er alles Gute Gott verdankt. Mit Gott haben wir ein Gegenüber, dem wir unseren Dank bringen können. Gott sei Dank!

Vater im Himmel,

ich danke dir für das viele Gute, das ich in meinem Leben habe. Auch wenn es nicht alles ist, was ich gerne hätte, weiß ich doch, dass es mehr als genug ist.
Bitte gib mir diese Bescheidenheit und Dankbarkeit, die ich bei bestimmten Menschen so bewundere.

Bitte gib mir die Kraft, das Gute zu sehen und davon zu sprechen, auch wenn um mich herum viele nur das Schlechte sehen und davon reden.

Ich wünsche mir, ein zufriedener Mensch zu werden, im Frieden mit mir selbst und anderen zu sein. Bitte gib mir diesen Frieden, von dem der Apostel Paulus an die Kolosser schreibt, damit ich anderen und mir selbst etwas gönnen, aber auch verzichten kann.

Amen

GOTT LOBEN

Hallelujah. Gut ist es, unserem Gott zu singen, schön ist es, ein Loblied anzustimmen.
Psalm 147, 1

„Halleluja singen", „Loben" – vielleicht hört sich das für dich an wie eine verstaubte religiöse Übung – was man eben so macht, wenn es um Gott geht. Aber das Bedürfnis zu „loben" steckt tief in allen Menschen. Warst du schon mal im Fußballstadion oder auf dem Konzert eines Superstars? Hast du den Jubel gehört, kennst du das Gefühl, wenn es einen vor Begeisterung nicht mehr auf dem Sitz hält?

Die Mannschaft mag genial spielen und der Star beeindruckend auftreten. Aber Gott spielt in einer ganz anderen Liga. Wenn es ihn wirklich gibt, dann ist es absolut angemessen, ihn zu loben. Unser Bedürfnis zu loben, kommt im Tiefsten daher, dass wir überwältigt sind von einem Gott, der uns nach seinem Bild erschaffen hat und mit uns zu tun haben möchte.

Musik hilft uns, Gott mit Leidenschaft zu loben. Inzwischen gibt es „Lobpreismusik" in allen möglichen Stilrichtungen, von Klassik über Folklore, Pop und Soul bis Heavy Metal. Hast du schon deinen Sound gefunden, um Gott von Herzen zu loben?

Großer Gott,

es gibt so viele Gründe, dich zu loben! Du bist der Allmächtige, der Erste und der Letzte, der Höchste. Und doch bist du interessiert an mir, freundlich, voller Liebe.
Du hast das Universum geschaffen. Und du stehst mir in den kleinsten Dingen bei.

Ich preise dich mit ganzem Herzen, für das, was ich schon von dir erkannt habe, und für das, was ich schon mit dir erlebt habe. Ich freue mich darauf, mehr mit dir zu erleben.
Du bist groß, du bist gut, du bist Gott!
Ich gebe dir alle Ehre!

Amen

EINE AUSZEIT NEHMEN

Darauf verbreitete sich die Nachricht von Jesus noch weiter. Die Leute strömten in Scharen herbei, um ihn zu hören und von ihren Krankheiten geheilt zu werden. Aber Jesus zog sich immer wieder in einsame Gegenden zurück und betete dort.
Lukas 5, 15 + 16

Selbst Jesus brauchte eine Auszeit von den Menschen. Wie geht es dir mit Auszeiten? Kannst du gut allein sein? Oder bist du dann gleich einsam? Oder bist du zu viel allein? Am besten ist es, wenn sich solche Zeiten abwechseln, Zeiten der Gemeinschaft mit anderen und Zeiten, in denen du für dich bist. Wenn du dich zurückziehst, um über dich selbst nachzudenken, wenn du etwas liest, Tagebuch schreibst, betest, dann entwickelst du ein inneres Leben, dann bekommst du Tiefgang. Das ist unendlich wertvoll. Andere Menschen werden das spüren und gerne auf deinen Rat hören.

Nimm dir Auszeiten, mach die Tür zu, sage „Nein“ zu Ablenkungen und bei Störungen. Und wenn du so zur Ruhe kommst, entwickelt sich ja vielleicht ganz natürlich ein Gespräch mit Gott.

Gott,

du siehst, wie es für mich ist, Zeit allein zu verbringen. Es fällt mir schwer, nicht davor zu fliehen, indem ich mich mit irgendetwas ablenke. Danke, dass du immer bei mir bist und mir dabei helfen willst, zur Ruhe zu kommen.

Ich wünsche mir ein Leben mit Tiefgang. Gib mir deinen guten Geist in meinen Auszeiten, damit ich mich auf das besinnen kann, was wirklich wichtig ist. Und lehre mich zu beten!

Amen

WAS IST HEILIG?

Vielmehr sollt ihr in eurer ganzen Lebensführung heilig werden – so wie der heilig ist, der euch berufen hat.
1. Petrus 1, 15

„Geh bloß nicht an mein Smartphone, das ist mir heilig!"
Was uns wirklich wichtig ist, das behüten und beschützen wir wie einen Schatz. Versuch mal nicht an weiße Gewänder und Harfenmusik zu denken, sondern an das, was für dich das Wertvollste ist. Dann multipliziere es mit unendlich und du hast Gottes Heiligkeit.
Wir Menschen sind anders, aber wir sehnen uns nach dieser Heiligkeit. Tief in uns wissen wir, dass wir vom Heiligen stammen. Und deshalb leiden wir an unserer Welt, weil sie so unheilig ist.

Aber wir können Gott suchen, ernst nehmen, anbeten. Das färbt auf uns ab! Wir können uns fernhalten von bösen Machenschaften, nicht mitmachen, wenn andere lästern und alles in den Schmutz ziehen.
Aber das Entscheidende tut Gott selbst, er will uns „heiligen". Das heißt nicht, perfekt zu werden, sondern ganz zu ihm zu gehören, mit ganzem Herzen zu leben.

Heiliger Gott,

ich bringe dir meine Sehnsucht nach Vollkommenheit. Ich will sie nicht bei Menschen oder Dingen suchen, sondern bei dir, dem Heiligen.

Danke für alle heiligen Momente, die ich erlebt habe, in der Kirche, in der Natur, in der Musik und in Begegnungen mit anderen Menschen.

Hilf mir dabei, dir ähnlicher zu werden, damit dein Licht auch ein wenig durch mich scheinen kann.

Amen

MEINE HOFFNUNG WEITERGEBEN

Immer wieder verlangt man von euch, Rechenschaft zu geben über die Hoffnung, die euch erfüllt. Deshalb müsst ihr bereit sein, allen, die fragen, Rede und Antwort zu stehen.
1. Petrus 3, 15b

Es ist unglaublich schwierig, in unserer Zeit von Gott und vom Glauben zu sprechen. Viele machen sich darüber lustig und stellen dich als altmodisch und uncool hin. Andere werfen alles in einen Topf: „Oh, ich glaube auch an Schicksal, Horoskope, Pendeln und was weiß ich alles." Dann stehst du als Spielverderber da, wenn du sagst, dass das nichts mit deinem Glauben zu tun hat. „Intolerant" ist das Wort, das dann ganz schnell fällt.

Aber wenn die Gute Nachricht von Jesus tatsächlich Leben verändert, dann müssen die Menschen davon erfahren.
Von Gott zu sprechen, kann man lernen, möglicherweise in der eigenen Familie, im Jugendkreis – am besten erst mal unter Gleichgesinnten. Dann wächst auch der Mut, auf dem Schulhof oder im Bus von deinen Erfahrungen mit Gott zu reden. Vielleicht lachen manche. Vielleicht kommt dann aber hinterher einer und fragt dich nach mehr.

Gott,

ich bringe dir meine Stummheit, meine Angst, meine Unfähigkeit, vom Glauben zu reden.

Ich sehe so viele Menschen in meiner Umgebung, die die Hoffnung, die ich habe, auch dringend brauchen würden.
Bitte gib mir gute Begegnungen mit Menschen, die auf der Suche sind, und offene Ohren, damit ich gut antworten kann.
Bitte schenk mir Worte, die echt sind und die Menschen in ihrer Situation erreichen.
Und ich danke dir, dass du alle Menschen liebst und das Beste für sie im Sinn hast.

Amen

ICH DARF EWIG LEBEN!

Da sagte Jesus zu ihr: „Ich bin die Auferstehung und das Leben! Wer an mich glaubt, wird leben, auch wenn er stirbt."
Johannes 11, 25

Als Christen haben wir eine Hoffnung über den Tod hinaus. Wir sollen über die Ewigkeit nicht spekulieren, vieles können wir nicht begreifen. Aber der Glaube an Jesus gibt uns eine Zuversicht, die dem Tod seinen abgrundtiefen Schrecken nimmt. Das kann man bei vielen Menschen beobachten, die aufgrund dieser Hoffnung gut sterben konnten. Sie sind im wahrsten Sinne des Wortes „heimgegangen" im Vertrauen darauf, dass das Leben mit Gott auch nach dem Tod weitergeht. In unserer Gesellschaft verdrängen die meisten den Gedanken an den Tod. Aber wir müssen alle sterben. Und nur, wenn wir dem Tod gelassen ins Auge blicken können, können wir auch unser Leben auf der Erde genießen und gestalten.

Jesus,

ich kann das Geheimnis nicht verstehen, dass du durch deinen Tod und deine Auferstehung den Tod überwunden hast. Aber ich will dir glauben, mich auf dich und dein Wort verlassen. Bitte schenke mir deine Hoffnung und nimm mir die Angst vor dem Tod. Mein Leben ist in deiner Hand. Bitte hilf mir, auf meinen eigenen Tod vorbereitet zu sein. Und lass mich die Hoffnung ausstrahlen, die du mir schenkst.

Amen

TIEFER SEHEN

Herr, lass mich tiefer sehn
Tiefer verstehn
Du bist in allem gegenwärtig
Auch in mir
Herr, lass mich tiefer sehn
Tiefer verstehn
Ich will mit andern Augen sehen
Du bist hier

1. Nichts ist selbstverständlich
Alles Gute ist geschenkt
Du hast meine Schritte zum Ziel gelenkt

Viele kleine Zeichen
Zeigen: ich bin nicht allein
Es gibt viele Gründe, dankbar zu sein

Oft frage ich, warum
Doch du zeigst mir, wozu

2. Alles hat Bedeutung
Auch wenn wir es nicht verstehn
Und den tiefren Sinn erst am Ende sehn

Denen, die Gott lieben
Denen, die auf ihn vertraun
Dient alles zum Besten nach seinem Plan

Oft frage ich, warum
Doch Du zeigst mir, wozu

Lehre mich Langsamkeit
Lehre mich Achtsamkeit
Lehre mich Dankbarkeit

Text: Albert Frey
Musik: Albert Frey, Andrea Adams-Frey

WIE KÖNNEN WIR ZUSAMMENLEBEN?

ELTERN SIND AUCH NUR MENSCHEN

Ehre deinen Vater und deine Mutter, wie der HERR, dein Gott, es dir geboten hat, damit du lange lebst und es dir gut geht auf dem Boden, den der HERR, dein Gott, dir gibt.
5. Mose 5, 16

Wir alle haben sehr unterschiedliche Erfahrungen mit unseren Eltern gemacht. Ein tolles Elternhaus macht manches leichter. Aber viele Jugendliche kommen mit ihren Eltern nicht klar oder müssen mit der Scheidung der Eltern zurechtkommen oder kennen vielleicht sogar ein Elternteil gar nicht. – Wie auch immer dein Elternhaus ist: Es gibt niemanden, der nicht irgendetwas in seiner Familie oder bei seinen Eltern vermisst. Denn Elternsein kann man nicht üben. Es ist immer gleich der Ernstfall. Eigentlich logisch, dass Eltern da auch Fehler machen. Im vierten Gebot werden wir dennoch aufgefordert, unsere Eltern zu ehren. Das heißt nicht, dass wir alles gut finden, zu allem Ja und Amen sagen müssen. Aber es heißt, dass wir das Gute anerkennen und schätzen sollen, auch wenn sie Grenzen setzen oder uns enttäuschen.
Hast du Probleme mit deinen Eltern? Vielleicht geht es nur darum, einen Streit zu klären. Manchmal dauert es auch Jahre, sich mit seinen Eltern auszusöhnen. So eine Aussöhnung ist die beste Voraussetzung, dass es dir gut geht und du eine starke und beziehungsfähige Persönlichkeit wirst.

Gott,

ich danke dir für meine Eltern. Danke, dass sie mir das Leben geschenkt und vieles andere mitgegeben haben. Ich will sie „ehren“, auch wenn ich nicht alles an ihnen gut finde. Ich bin traurig über das, was ich bei ihnen vermisst habe und vermisse. Es tut weh, nicht das Verständnis und die Unterstützung zu bekommen, die ich mir wünsche. Ich fühle mich oft so machtlos. Bitte schenk du Versöhnung, wenn es mal wieder so richtig gekracht hat.

Danke, dass du, Gott, als Vater und Mutter für mich da bist, anders als es meine Eltern sein können. Ich danke dir, dass ich nicht nur das Produkt meiner Eltern bin. Ich wünsche mir, immer mehr eigenständig und unabhängig zu leben.

Amen

WIE GELINGT FAMILIE?

Und wenn eine Familie miteinander im Streit liegt, kann diese Familie nicht bestehen.
Markus 3, 25

Unsere Familie können wir uns nicht aussuchen. Die Eltern nicht und auch unsere Geschwister nicht. Es ist eine Gemeinschaft von unterschiedlichen Menschen: alt und jung, männlich und weiblich mit ganz unterschiedlichen Erwartungen und Bedürfnissen. Das ist nicht einfach. Und deshalb findet man auch so selten eine gute, eine „heile“ Familie. Die Angst um den Arbeitsplatz, unterschiedliche Vorstellungen vom Lernen oder von der Freizeitgestaltung: Es gibt unzählige Dinge, die eine Familie spalten können. Gerade deshalb ist es so schön, wenn alle an einem Tisch sitzen, wenn alle zusammen Spaß haben. Dazu müssen wir lernen, den anderen zu verstehen, Konflikte zu lösen, uns selbst mal zurückzunehmen, mal durchzusetzen. Völlig heile Familien gibt es sowieso nicht, aber wenn wir bereit sind, immer wieder aufeinander zuzugehen, können wir als Familie immer stärker zusammenwachsen.

Jesus,

danke, dass du auch eine Familie erlebt hast, mit allem, was dazugehört. Ich danke dir für meine Familie. Es gibt vieles, was ich schätze.
Du weißt aber auch, was ich vermisse. Du kennst die Konflikte in meiner Familie. Bitte hilf mir, ein Friedensstifter zu sein, ohne mich dabei selbst zu verlieren.

Ich will lernen, gut mit anderen zusammenzuleben. Bitte gib mir die Kraft, den Familienmitgliedern zu vergeben, die mich verletzt haben. Und schenke mir deine Liebe zu allen, mit denen ich lebe.

Amen

WER IST MEIN FREUND?

Ein Freund ist jederzeit liebevoll.
Sprüche 17, 17a

Obwohl Jesus alle Menschen geliebt hat, hatte er besondere Freunde. Er hat sich Einzelne herausgesucht, mit denen er mehr Zeit verbrachte. Die zwölf Jünger, besonders Petrus, Jakobus und Johannes. Oder die Geschwister Lazarus, Maria und Martha. Sie waren völlig unterschiedliche Menschen. Maria konnte besonders gut zuhören. Petrus war ein sehr temperamentvoller Freund. Seinem Freund Johannes vertraute Jesus kurz vor seinem Tod sogar seine Mutter an. Das kann uns Mut machen, auch Freundschaften zu ganz verschiedenen Menschen aufzubauen. Mit wem habe ich viel gemeinsam, wer ergänzt mich, mit wem kann ich über alles reden, wer tut mir gut? Manche Freundschaften aus der Kindheit und Jugend schaffen so viel Nähe durch gemeinsame Erlebnisse und durchgestandene schwierige Zeiten, dass sie ein ganzes Leben halten können.
Aber selbst wenn Freundschaften für dich ein schwieriges Thema sind, wenn du enttäuschst bist oder einsam – Jesus ist als Freund immer für dich da!

Jesus, mein Freund,

danke, dass du mich kennst und weißt, was ich brauche. Danke, dass du mich ernst nimmst. Ich sehne mich nach Freundschaft, nach Austausch, nach verstehen und verstanden werden. Bitte hilf mir zu entscheiden, in welche Freundschaften ich investieren soll. Du sieht auch die Konflikte in meinen Freundschaften. Bitte schenke mir, dass ich daran wachse und dass gute Freundschaften in meinem Leben nicht kaputtgehen.

Amen

VERLIEBT SEIN UND LIEBE

Weckt nicht, stört nicht die Liebe, solange die Lust währt.
Hoheslied 2, 7b

Manchmal könnte man meinen, Gott hätte etwas gegen Verliebte, weil Christen so oft über Gebote im Zusammenhang mit Partnerschaft und Sexualität reden. Aber das Gegenteil ist der Fall: Es war Gottes geniale Schöpfer-Idee, dass er uns eine Sehnsucht nach einem anderen Menschen ins Herz gegeben hat, dass wir uns allein irgendwie unvollständig fühlen.
Warst du schon mal so richtig verliebt? Ist deine Liebe erwidert worden? Oder bist du verletzt worden? Mit der Liebe zu einem Partner riskieren wir alles. Eine Zurückweisung trifft uns als ganze Person. Gott will, dass wir Liebe als Bereicherung erleben und nicht als zerstörerische Kraft. Deshalb will er zum Beispiel, dass wir Sex nicht ohne Treue ausleben. Unsere Liebe ist etwas so Kostbares, wir sollten sie nicht verschleudern. Deshalb überleg dir gut, mit wem du dich einlässt, auch wenn die Hormone dich überschwemmen, und überleg dir auch, ob du wirklich schon eine Beziehung willst.

Gott der Liebe,

ich danke dir für meine Sehnsucht nach Liebe. Danke für das tolle Gefühl, mich für den anderen zu begeistern. Du kennst mein Herz und weißt, was gut für mich ist. Bitte hilf mir, echte Liebe zum richtigen Zeitpunkt zu erleben. Und gib mir die Kraft, nicht aus lauter Ungeduld billigen Ersatz zu suchen.

Amen

BIN ICH SO GUT WIE ANDERE?

Denn das Urteil, das ihr fällt, wird euch treffen. Und der Maßstab, den ihr an andere anlegt, wird auch für euch gelten.
Matthäus 7, 2

Jesus warnt uns davor, andere ständig zu beurteilen, Fehler zu suchen und uns zu vergleichen. Denn dann wird unser Leben geprägt von Neid und Eifersucht oder von Überheblichkeit. Wie wir andere beurteilen, fällt auf uns zurück. In der Schule, im Sport, beim Aussehen, bei unseren Begabungen – überall werden unsere Leistungen gemessen. Wenn wir nur diese Welt des Vergleichens kennen, macht uns das krank. Entweder wir bemitleiden uns nur noch selbst, weil wir nicht mithalten können, oder wir wollen immer noch besser sein als andere und kommen aus dieser Spirale nicht mehr heraus.
Dabei hat Gott jeden von uns als einzigartiges Individuum geschaffen. Jesus lädt uns ein, zu anderen so wohlwollend und großzügig zu sein, wie es Gott zu uns ist. Nur so können wir in Frieden zusammenleben und eine bessere Welt bauen.

Großer Gott,

ich danke dir, dass du nicht kleinlich bist. Bitte hilf mir, mit anderen auch großzügig umzugehen.

Du weißt, welche Menschen ich beneide. Bitte gib mir ein großes Herz, dass ich ihnen ihren Erfolg gönnen kann. Du weißt auch, welchen Menschen ich mich überlegen fühle. Bitte verzeih mir meine Lieblosigkeit und hilf mir, jeden zu achten, so wie du es tust.

Ich danke dir, dass ich in deinen Augen einzigartig bin und mich nicht mit anderen vergleichen muss.

Amen

WIE UNGERECHT IST DAS DENN?!

„Wenn ihr den Willen Gottes nicht besser erfüllt als die Schriftgelehrten und Pharisäer, werdet ihr niemals in das Himmelreich kommen."
Matthäus 5, 20

Die Pharisäer und die Schriftgelehrten waren Vorbilder, weil sie die heiligen Schriften sehr ernst nahmen und sich für die Einhaltung der Gesetze starkmachten. Wir alle haben ein starkes Gerechtigkeitsbedürfnis in uns. Schon als Kinder finden wir es am Esstisch „total ungerecht", wenn der andere eine größere Portion bekommt. Aber die Welt ist nicht gerecht. Manche leben unter schwierigen Bedingungen und erleiden Schicksalsschläge, andere bleiben davor bewahrt. Wenn wir ehrlich sind, müssen wir erkennen, dass wir alle zur Ungerechtigkeit in der Welt beitragen. Wir sind alle Opfer und Täter. Deshalb warnt uns Jesus auch heute vor Selbstgerechtigkeit. Wir brauchen Gottes Gerechtigkeit. Gott möchte, dass wir ihm von den Ungerechtigkeiten erzählen, die wir erfahren haben, und uns für andere und eine gerechtere Welt einsetzen.

Gerechter Gott,

bitte öffne meine Augen für die Ungerechtigkeiten in der Welt und für meinen Anteil daran. Bitte gib mir die Kraft, in deinem Namen für Gerechtigkeit zu kämpfen, mich einzusetzen für Benachteiligte. Bitte bewahre mich davor, selbstgerecht oder hartherzig zu werden. Danke, dass du am Ende der Zeit für Gerechtigkeit sorgen wirst.

Amen

FÜR SCHWACHE EINTRETEN

Was ihr für einen meiner Brüder oder eine meiner Schwestern getan habt – und wenn sie noch so unbedeutend sind –, das habt ihr für mich getan.
Matthäus 25, 40b

Während meiner Zivildienstzeit habe ich mich um Alte, Kranke und Behinderte gekümmert. Damals musste man fast zwei Jahre seines Lebens dafür einsetzen. Heute machen das alles Profis. Aber diese Zeit hat mir gutgetan, ich habe viel gelernt. In Gottes Welt, in seinem Reich, können wir die Verantwortung nicht nur an den Sozialstaat abgeben. Wir alle sollen den Schwachen helfen, so wie Jesus es getan hat.

Das fängt in der Schulklasse an. Braucht da jemand Hilfe? Bist du bereit, deine Aufmerksamkeit, deinen Mut, deine Zeit, vielleicht sogar dein Taschengeld einzusetzen? Vielleicht ist dein Einsatz nur ein Tropfen auf den heißen Stein. Aber genau bei diesen Armen und Schwachen, diesen Benachteiligten und Ausgestoßenen wird Glaube konkret und damit glaubwürdig. Jesus sagt sogar, dass es so ist, als würden wir ihm selbst damit helfen. Bei den „Unbedeutenden“ kannst du Jesus begegnen!

Jesus,

ich bewundere, wie du dich für die „Unbedeutenden" eingesetzt hast. Du hast dir deine Finger schmutzig gemacht. Du hast einzelne Menschen in ihrer Not gesehen und ihnen geholfen.
Ich dagegen kümmere mich meistens nur um mich und meine Bedürfnisse. Bitte gib mir ein Herz für die Menschen in meiner Umgebung, die Hilfe brauchen. Bitte lass mich für die sprechen, die sich nicht selbst verteidigen können. Zeig mir, was ich konkret tun kann.

Amen

WER LIEBT SCHON SEINE FEINDE?!

Liebt eure Feinde. Tut denen Gutes, die euch hassen.
Lukas 6, 27

Hast du Feinde? Terroristen, selbstsüchtige Politiker, rücksichtslose Banken und Großkonzerne? Aber die sind weit weg. Vielleicht gehörst du zu einer bestimmten Clique, die im Streit mit einer anderen ist? Oder werden wir noch persönlicher: Gibt es in deiner näheren Umgebung einen Menschen, dem du etwas Böses an den Hals wünschst, wenn du ehrlich bist? Einer, der einfach unmöglich ist, der dich und andere schlecht behandelt, ungerecht und heuchlerisch ist? Alle diese Menschen sollst du lieben, sagt Jesus. Das ist eine unglaubliche Forderung. Wir können sie nur erfüllen, wenn wir zwischen den Menschen und ihren Handlungen unterscheiden. Wir sollen Unrecht klar erkennen und uns dagegen wenden, aber auch den Menschen dahinter sehen, mit seiner Lebensgeschichte, seiner Not. Nur Liebe kann die Spirale von Hass und Gewalt durchbrechen.

Jesus,

ich staune über die Liebe zu allen Menschen, die ich bei dir sehe. Du hast selbst deine Feinde geliebt und für sie gebetet. Bitte schenk mir Liebe für die, die ich aus eigener Kraft nicht lieben kann. Ich wünsche mir, so wie du ein Friedensstifter zu sein. Bitte gib mir Ideen, wie ich anders und unerwartet mit meinen „Feinden" umgehen kann. Ich will auch nicht mehr darauf beharren, dass sich der andere zuerst ändern muss. Danke, dass du für mich einstehst.

Amen

WIE KANN ICH DIE SCHÖPFUNG BEWAHREN?

Und Gott segnete sie, und Gott sprach zu ihnen: Seid fruchtbar und mehrt euch und füllt die Erde und macht sie untertan.
1. Mose 1, 28a

Die Bibel sagt uns nicht, dass wir auf der gleichen Stufe stehen wie Pflanzen und Tiere. Weil wir Menschen schon so viel von unserer Umwelt zerstört haben, denken manche, es wäre bescheidener, wenn wir uns „nur“ als intelligente Tiere verstehen.
Die Bibel sagt aber auch nicht, dass wir über der Schöpfung stehen und deshalb mit ihr machen können, was wir wollen. Sie sagt vielmehr, dass wir eine Verantwortung haben, dass wir das Beste für unsere Erde und alle Menschen, Tiere und Pflanzen auch in Zukunft suchen sollen, und nicht nur unseren eigenen Vorteil.

Es geht um weltweite Gerechtigkeit. Es geht aber auch darum, was ich persönlich einkaufe, wie ich mit Strom und Wasser umgehe, wie ich Tiere behandle, auf was ich verzichten kann. Ich bin Teil eines großen Systems. Wenn ich zu viel verbrauche, leiden andere. Gott sieht das Ganze und er liebt seine ganze Schöpfung. Bei ihm können wir den Überblick gewinnen und unsere persönlichen Bedürfnisse im richtigen Licht sehen.

Gott, unser Schöpfer,

du hast alles gut gemacht, und wir haben schon so viel davon zerstört. Bitte lass mich erkennen, wo ich einen Beitrag zu einer liebevolleren und gerechteren Welt leisten kann.

Schenke mir deine Liebe zu allen Pflanzen, Tieren und Menschen. Hilf mir, alles zu achten und zeige mir, wie ich leben kann, ohne etwas zu verschwenden.

Amen

DER GERECHTE

Die Liebe trifft Wahrhaftigkeit
Dort, wo er wohnt bei uns
Der Frieden küsst Gerechtigkeit
In seinem Reich

1. Er ist der Gerechte
Er kam aus einem andern Reich
Er war ohne Fehler
Und war uns doch in allem gleich
Er ist der Gerechte
Und er ging den Weg, der zum Leben führt

2. Er ist der Gerechte
Schwachen und Armen steht er bei
Er gibt jedem Würde
Die Unterdrückten setzt er frei
Er ist der Gerechte
Und er zeigt den Weg, der zum Leben führt

3. Er ist der Gerechte
Am Kreuz voll Liebe bis zuletzt
Er schenkt seine Gnade
Dem, der sein Leben auf ihn setzt
Er ist der Gerechte
Und er ist der Weg, der zum Leben führt

Text und Musik: Albert Frey

Neue Bücher entdecken, in Leseproben stöbern, tolle Gewinne sichern und Wissenswertes erfahren in unseren Newslettern für Bücherfans. Jetzt anmelden unter www.gabriel-verlag.de

Liederabdruck und Download der Lieder mit freundlicher Genehmigung von Gerth Medien, FREYKLANG, Quellennachweis bei den Liedern.
Urklang: gesungen von Albert Frey
Was ist wahr: gesungen von Andrea Adams-Frey und Albert Frey
Tiefer sehen: gesungen von Andrea Adams-Frey
Der Gerechte: gesungen von Albert Frey

Die Bibelstellen aus dem Alten Testament sind entnommen der:
Zürcher Bibel, © 2007 Zürcher Bibel/Theologischer Verlag Zürich
2. Samuel 7, 18a; Psalm 139, 1b-2, 13-14a; 1. Mose 1, 27; Psalm 42, 6a; Psalm 51, 4; Psalm 34, 19; Psalm 131, 2; 5. Mose 32, 7; 1. Mose 2, 19; Prediger 3,13; 5. Mose 30, 19b; Psalm 147, 1; 5. Mose 5, 16; Sprüche 17, 17a; Hoheslied 2, 7b; 1. Mose 1, 28a

Die Bibelstellen aus dem Neuen Testament sind entnommen der:
BasisBibel. Das Neue Testament und die Psalmen,
© 2012 Deutsche Bibelgesellschaft, Stuttgart. www.basisbibel.de
Matthäus 10, 30; 1. Thessalonicher 5, 23b; Johannes 8, 32b; Römer 12, 4b-6a; Lukas 17, 21b; 1. Thessalonicher 5, 21; Johannes 16, 33b; Johannes 12, 13a; Matthäus 27, 22; 1. Johannes 4, 16b; Johannes 20, 27 + 28; Kolosser 3, 15; Lukas 5, 15 + 16; 1. Petrus 1, 15; 1. Petrus 3, 15b; Johannes 11, 25; Markus 3, 25; Matthäus 7, 2; Matthäus 5, 20; Matthäus 25, 40b; Lukas 6, 27

Für die Illustrationen wurde teilweise Stockmaterial verwendet:
© istockphoto.com / hudiemm / manji / ElaKwasniewski / chuckgaudette / scol22 / GlobalP / unalozmen / ChrisGorgio / Andrey_Kuzmin / yevgenromanenko / bennyb / cynoclub / fireflamenco / Smitt

Frey, Albert:
Tiefgang
ISBN 978 3 522 30366 8

Illustration, Typografie, Layout und Satz: Ann-Marie Falk
Schrift: Dax Regular, Bold und Light italic
Reproduktion: Photolitho AG, Gossau/Zürich
Druck und Bindung: Balto Print, Vilnius

5 4 3 2 1°   14 15 16 17

Foto: Thommy Mardo

Albert Frey ist Musiker und Autor. Gemeinsam mit seiner Frau Andrea steht er für einen ganzheitlichen Glauben, für „Musik von der Zerbrechlichkeit der Menschen und der Herrlichkeit Gottes". Ihre Lieder, CDs und Konzerte prägen viele Gemeinden und Gruppierungen im deutschsprachigen Raum.

Seit den 90ern produziert Albert Frey neben eigener Musik auch ausgewählte CDs von Kollegen und die „Feiert Jesus!" CD-Reihe, schreibt Artikel und Bücher und ist als Referent unterwegs. Die Freys leben auf einem Pferdehof im Hohenlohekreis.